Nicole Maass

Schmetterlingsleuchten

für
meine Schwester

Nicole Maass

Schmetterlingsleuchten

Gedichte über Liebe, Transformation und Kreativität

Bitte besuchen Sie: **www.nicolemaass.de**

Bibliografische Information der Deutschen Nationalbibliothek:
Die Deutsche Nationalbibliothek verzeichnet diese Publikation in der Deutschen Nationalbibli-
ografie; detaillierte bibliografische Daten sind im Internet über http://dnb.dnb.de abrufbar.

Erste Auflage 2018
© 2018 Nicole Maass

Illustration, Cover, Buchsatz: **Nicole Maass**

Herstellung und Verlag: BoD – Books on Demand, Norderstedt
ISBN: 978-3-7528-9250-5

Inhalt

SCHMETTERLINGS-KREATIVITÄT 59

NACHWORT 77

VITA 80

DANKSAGUNG 82

VORSCHAU 83

Vorwort

Veränderung ist ein Prozess.
Veränderung passiert nicht über Nacht.
Ein neuer Lebensabschnitt kann freudvoll, tragisch oder verwirrend sein. Manche verlieren den Boden unter den Füßen, andere genießen die neuen Möglichkeiten und schreiten voller Tatendrang voran. Die Transformation - von etwas Altem hin zu etwas Neuem - kann Wochen, Monate oder sogar Jahre dauern. Die Verwandlung im Inneren ist phasenweise aufregend, beängstigend und schmerzhaft. Von Selbstzweifeln begleitet, ist der Weg unklar und man fragt sich:

Was passiert mit mir? Wo gehöre ich hin? Wer bin ich?

Ich habe dieses Buch für Sie geschrieben, mit dem Wunsch Ihnen Mut zu machen. Gehen Sie Ihren Weg beharrlich weiter. Überwinden Sie Ängste und Unsicherheiten und verwandeln Sie sich in einen wunderschönen, bunten Schmetterling.

Der Schmetterling - als Sinnbild für Verwandlung - birgt den Schatz der Verspieltheit und Leichtigkeit und unterstützt die innere Metamorphose liebevoll und achtsam.

Ich habe diesen Prozess durchlebt und in meinen Texten verarbeitet und aufgeschrieben. Ich wünsche mir, dass meine Gedichte eine Ermutigung sind, auf Ihre Intuition zu vertrauen und der inneren Stimme zu folgen. Fragen Sie nach Ihren Wünschen und Zielen im Leben und finden Sie Ihren ganz eigenen Weg in die Erfüllung.
Egal wie steinig der Weg auch sein wird. Sie kommen am Ziel an - aus eigener Kraft, mutig, selbstbestimmt und mit einem Gefühl von Freiheit.

Ich wünsche Ihnen alles Liebe auf Ihrem Weg.

Nicole Plaass

Schmetterlingsliebe

Schmetterlingsblau

Deine Erscheinung
funkelnd, leuchtend
strahlend hell.

Dein Lachen
gleicht einem
geschliffenen Kristall.

Augen leuchten
Augen zwinkern.

Die Iris spiegelt
ein Schmetterlingsblau.

Verzaubert bin ich
alles steht still.

Vom ersten Moment an
gehöre ich dir.

Frag mich
5 Worte.

Ich antworte
ich will.

Schmetterlingsküsse

Eine zarte Berührung
weich wie eine Feder.
Ein Flügelschlag
sanft wie Pusteblumen.

Deine Farben
schmeicheln meinem Licht.
Du schaust mich an
und kennst mich nicht.

Deine Berührung
ruhig
ausdauernd
atemlos.

Ein feines kitzeln
streicheln
küssen.

Auch meine Lippen
dich begrüßen.

Eine Raupe war ich.
Eine Puppe bin ich.
In deinen Armen
werde ich zum Schmetterling.

Schmetterlingsturteln

Zwei weiße Schmetterlinge
schweben und kreisen
fliegen nebeneinander
um zu beweisen:

Wir gehören zusammen
verlieren uns nicht.
Wir finden einander
schweben ins Licht.

Gehen gemeinsam auf die Reise.
Etwas hält sie
magisch, ganz fest.

Einer ist dem Anderen wertvoll.
Spüren keine Last
flattern ins Morgen
ohne Pause, ohne Rast.

Zwei turtelnde Flügel
zwei liebende Segel
stellen sich dem Wind entgegen
sind unschuldig und verwegen.

Finden nach langem Sehnen
ein gemeinsames Nest.

Schmetterlingsfieber

Heiß ist es neben dir.
Dein Atem streichelt meine Brust.
Ein leichter Flügelschlag
aufkeimende Lust.

Ein Fieber durchströmt mich.
Mein Herz pulsiert und pocht.
Meine Hände wandern und suchen dich
in dieser sommerheißen Nacht.

Schmeichelnd
schlaftrunkenes Streicheln.
Fiebrige Hände
erforschen Beine und Lende.

Tausend schimmernde Schmetterlinge
explodieren in meinem Bauch.

Angesteckt
von der Hitze des Fiebers
wachst du auf
und alles
nimmt seinen Lauf.

Schmetterlingsweiß

Farblos
belanglos
Vorwürfe zwecklos.

Ein Locken
ein Rufen.
Ein nach
etwas Besserem suchen.

Eine Chance verpasst
Geld für nutzloses verprasst.

Den Wert der Liebe
nicht erkannt

Schmetterlinge
schmerzvoll verbrannt.

Nur weiß ist übrig
verlassen, glanzlos
leere Wände.

Kein Rot
kein Blau.
Fort ist Farbe
und Frau.

Schmetterlingstage

Blutende Wunden
geben dein Innerstes preis.

Das Herz liegt auf der Zunge.
Worte verletzen
sind kalt wie Eis.

Sie verletzen, sie jagen
werden nach dem
Warum? fragen.

Atemlos mit heißer Lunge.
Harte Schalen,
die zu bersten drohen.

Du willst die Tage sehen
willst verstehen.

Schmetterlingstage erwachen
Emojis im Handy lachen.

Es folgt ein Wiedersehen.
Liebe gestehen.

Bevor es zu spät ist.
Bevor er eine Andere küsst.

Schmetterlingskraut

Ein Weinen
ein Klagen
ein nach dem Grund fragen.
Warum tust du mir das an?

Gegen Streitigkeiten ist kein Kraut gewachsen.
Manchmal streiten sich auch liebende Herzen.
Ist es eine Frage der Kommunikation?
Können sich Männer und Frauen überhaupt verstehen?
Sprechen sie die gleiche Sprache?
Emotionen und Argumente
schlagen nicht mit gleicher Waffe.

Es ist wie ein Kampf
zwischen Schmetterling und Bohnenkraut.
Wer ist der Bräutigam, wer die Braut?
Verwirrend ist dieses Irr-Spiel
schon viele tausend Jahre.
Eine Lösung des Problems liegt in weiter Ferne.

Ich pflanze einfach Schmetterlingskraut.
Ich hab's gefunden.
Ich hab's den Schweizern geklaut.
Ein Lutschbonbon schenkt mir neuen Trost.
Mit emotionsgeladenen Argumenten
habe ich dich zärtlich geküsst.

Schmetterlingsvergehen

Eine Raupe war ich.
Eine Puppe bin ich.

Nur einmal wurde ich
zum Schmetterling.

Deine zarte Berührung
hielt mich wach.

Meine Farben
verblassen.

All die herrlichen Liebkosungen
liegen brach.

Ich schlafe friedlich
träume vom Nektar.

Ein Auf-und-ab der Stunden.
Tage vergehen.

Eine Raupe war ich.
Eine Puppe bin ich.

Es gab kein
wiedersehen.

Schmetterlingsherzen

Zwei Herzen schlagen im Takt.
Sie trommeln und stöhnen.

Der Regen durchströmt ein Herz
fühlt Kälte und Schmerz.

Das Eine will das Andere verwöhnen
sich lieben, sich aussöhnen.

Doch Wut regnet beständig
auf die Wunde herab.

Treue wurde geschworen.
Treue wurde verloren.

Das Herz zerbrach
fühlt Reue und Schmach.

Wie können sie zueinanderfinden?
Ihr gemeinsames flattern ist so fern.

Jedes Herz steht für sich allein.
Sie finden den Weg nicht
um zusammen zu sein.

Verloren ist der gemeinsame Takt.

Schmetterlingsherzen 2

Die Liebe zersplittert lautlos.

Das eine Herz fühlt Schwere
ist mit Steinen randvoll zugepackt.

Das Andere gibt nicht auf
bindet Stein für Stein
an einen Schmetterling.

Er bringt sie fort
mühsam, ausdauernd.
Er trägt schwer an dieser Last.

Das Herz sucht weitere Falter
damit sie helfen die Steine zu tragen.

Es will sein geliebtes Herz zurück.
Es gelingt nur langsam
Stück für Stück.

Die Schmetterlinge kommen in Scharen.
Sie hören sein Rufen, sein Klagen.

Sie sind Diener der Herzen
und werden die Liebe bewahren.

Schmetterlingsversöhnung

Sie sitzen am Ende
eines zarten Kiefernzweiges.

Angefüllt mit Groll
sind sie zu schwer.

Der zarte Zweig zerbricht.
Er kann nicht mehr.

Zu schwer ist die sture Last.
Zu lange haben sie gehasst.

Die Steine in ihren Herzen
kann niemand ertragen.

Der Zweig gab nach
um nicht länger zu fragen:

Wollt ihr euch nicht endlich verzeihen?
Ihr werdet es sonst schwer bereuen.
So viele verlorene Tage.
So einfach ist die eine Frage:
Willst du dich mit mir versöhnen?

Es ist zu spät.
So schnell kann man sich ans Schweigen gewöhnen.

Die Versöhnung hängt zu weit oben im Baum.
Gemeinsam hinaufklettern werden sie kaum.

Einer von ihnen muss den ersten Schritt tun.
Der zarte, geborstene Ast mag sich ausruhen.

Pflanzen sie ihn gemeinsam
als neuen Trieb.

Auf starken, jungen Zweigen
haben sie sich wieder lieb.

Schmetterlings-Transformation

Schmetterling in meinem Haus

Er flattert und — sucht das Licht
prallt gegen die Scheibe — und findet es nicht.
Er schwebt jetzt direkt — über meinem Kopf
zeigt mir den Weg — ins Sonnenlicht.
Die Dunkelheit schwebt — zu lange schon über mir.
Seine bunten Farbtupfer — durchkreuzen das Schwarz.
Mit schnellen Schwüngen — findet er sein Ziel.
Transformation und — Erkenntnis
schießt mir — pfeilschnell
ins — Herz.
Ich bin — groß.
Ich bin — phantasievoll.
Ich lebe — was ist.
Der dunkle Schein — entschwindet
durchbricht das Gefühl — des Andersseins.
Von nun an — will ich
authentisch — sein.

Schmetterlingsvorwürfe

Die Anschuldigung wurde einfach in den Raum gestellt. Ohne Vorwarnung ist sie direkt ins Herz geschnellt. Getroffen und verwundet liegt es jetzt am Boden. Es blutet und tropft.

Ob es die Wahrheit ist oder nur gelogen, das ist völlig einerlei. Die Worte schweben anklagend über dir, es ist noch nicht vorbei. Ohne Beweise und haltlos vorgetragen, wurde das Messer hinterrücks in die Brust gestoßen. Die schmerzhaften Gefühle nun die Gerechtigkeit begrüßen.

Warum so verletzt? Es hat dich niemand betrogen. Allein die Angst hat die Anschuldigung dazu bewogen. Sie ist der wahre Übeltäter. Sie ist sich selbst der Verräter. Wer andere an den Pranger stellt, ist bald selbst mit Schuld. Bedacht wurde dies nicht. Die Angst versperrt dem Verräter die Sicht. Sie allein regiert sein tun. Sie allein wird sich auf der Anschuldigung ausruhen. Diese Schuld muss dein Herz nicht beschweren. Dein verletzter Stolz braucht sich nicht wehren. Wenn du alles mit reinem Gewissen hast entschieden, dann bleiben die Worte über deinem Kopf bald liegen. Sie purzeln herunter und liegen dir zu Füßen. Du kannst sie in Liebe annehmen und den Satz der Angst mit Verständnis begrüßen. Nimm die Worte an und schließe sie in dein Herz mit ein. In Liebe erlöst sind sie nicht länger gemein. Sie kleben Pflaster auf dein wundes, blutendes Herz. Bald ist die Erinnerung verblasst, wie ein schlechter Scherz.

Gestärkt stehst du auf und dankst der Gerechtigkeit. Die Einsicht, dass es nicht dir persönlich galt, schenkt dir in Gelassenheit gekleidet eine neue Gestalt.

Schmetterlingserwachen

Erfahrung ist wie ein Gefühl
in sich gefangen zu sein

wie stets wachsam sein
sich seiner selbst bewusst werden.

Das Potential ist erkannt.
Die Talente benannt.
Die Träume ein Wagnis.

Die Ideen nutzlos herumgetragen
wertvolle Zeit todgeschlagen.

Wenn man die Wahrheit nicht ausspricht
ist es ein wertloses Gedicht.

Wie Selbstbetrug
ohne Augenaufschlag
gefüllt mit Erschöpfung.

Ich bin mir fremd
nicht authentisch.
Ich kann mir nicht in die Augen sehen.

Wer bin ich?
Was will ich?

Schmetterlingserwachen 2

Ich kenne mich nicht.

Dann plötzlich
ein leises Wispern.
Ein zartes Klingen wächst
zu einem tosenden Rauschen.

Die innere Stimme sing.
Das Erwachen schwingt.
Die Liebe zum Selbst erklingt.

Der innere Fluss überschwemmt das Ufer
fortgespült werden all die Ängste.
Sieh doch einmal genauer hin.

Die Zweifel stöhnen
die Ohren dröhnen
das angstbesetzte Erwachen will sich wehren.

Aber wenn die Augen erst einen Spalt geöffnet sind
können sie nicht anders
sie wollen sehen.

Liebe für dein Selbst.
Liebe für dein Leben.
Liebe für die Lieben.

Schmetterlingserwachen 3

Der Schleier des Alltags wird gelüftet.
Das wunderschöne Gesicht wird genauer betrachtet.

Du kreierst dir deine Welt.
Du hast dir etwas Neues vom Leben bestellt.
Du hast dich wieder wohl gefühlt.

Die Augen sehen nur noch schöne Dinge.
Das Herz ist durchflutet mit Dankbarkeit und Liebe.

Du darfst alles tun.
Du kannst dem Leichtsinn in die Augen sehen.
Du wirst energiegeladen deiner Wege gehen.

Schmetterlingsrot

Was

soll ich

damit anfangen?

Wieder so ein Fehltritt.

Wieder eine Enttäuschung.

Wie wird es jetzt weitergehen?

Ich sehe Rot, ich sehe Wut

Angst und Selbstmitleid.

Wie können mich diese Gefühle

voranbringen? Kann ich sie nutzen?

Dienen sie mir als Antrieb für etwas

dass ich schon seit Monaten vor mir herschiebe?

Der rote Schmetterling wundert sich über mein Befinden:

Wie kannst du mit Ketten an den Füßen deine Erfüllung finden? So

kannst du sicher nicht deine Flügel ausbreiten. Vielleicht möchte dich

die Farbe Rot

auf etwas

vorbereiten?

Wie kannst du

im Außen etwas

finden, dass du dir

selbst nicht geben kannst?

Den Glauben an dich.

Du kannst es schaffen.

Du bist klug und kreativ.

Du kannst

Schmetterlingsrot 2

alles erreichen
was du dir wünscht.
Es wird vielleicht länger dauern,
aber du bist selbstbestimmt.
Du triffst die nötigen Entscheidungen allein.
Du brauchst keine Kompromisse eingehen
und wirst nicht mit Kritik konfrontiert,
die nicht konstruktiv ist.
Mir wird
jetzt klar.
Ich muss
es nur mir
selbst recht machen.
Ich sammle von nun an
Schmetterlingslachen.
Ob es wirklich hundert
Schmetterlinge werden,
weiß ich nicht.
Aber ich sehe mir
im Spiegelbild
jetzt lächelnd
ins Gesicht.

Schmetterlingssummen

Lautlos warten
einen Angriff starten.
Im Tarnanzug den Moment abwarten
um dann loszuschrei(b)en.

Selbstzweifel sind ein innerer Krieg.
Die Traurigkeit ist ein stummer Dieb.

Ein Sirren, ein Fliegen
ein Summen, ein Brummen.
Nur der Flügelschlag des Schmetterlings
lässt alles verstummen.

Er holt dich aus den Tiefen zurück
durchkreuzt alles mit friedvollem Blick.

Ein Sirren, ein Fliegen
ein Lieben, ein Siegen.
Es ist nicht wahr
was du von dir hältst.

Du bist wertvoll
sieh´ in den Spiegel

Es ist kein Geheimnis
nimm an das beständige Siegel.

Schmetterlingszweifel

Es ist der erste Blick.
Der Ruf der Kindheit.

Ich bin wichtig.
Ich bin einzigartig.

Als Frau bin ich
nicht in meiner Mitte.

Mein Kind-sein ist nicht hier.
Es ist wie eine Bitte.

Die Feder singt und schreibt:

Komm ins JETZT zurück.
Erkenne den Wert des Augenblicks.
Es ist nur ein kurzes Stück.

Es wird andere Wege geben.
Es wird neue Zeit vergehen.
Du wirst in unbeschwerten Zeilen lesen.

Irgendwann erkennst du den Sinn des Gebens.
Dann schreiben wir gemeinsam
ein Gedicht über Schmetterlingssegen.

Schmetterlingstöne

Dir fehlt der Hoffnungsschimmer?
Kein Silberstreif am Horizont
der zu dir spricht?
Wieder neue Zeilen
in einem wertlosen Gedicht.

Wann kannst du endlich
einen Wandel sehen?
Wann kannst du
den Sinn verstehen?

Die Berufung ist dir an die Seite gestellt.
Aber du hast noch nicht den richtigen Ton bestellt!
Den einen Ton, der alles verändern kann.
Tim Bendzko singt die richtigen Worte:

Sag einfach Ja!
Ja - zum Leben.
Ja - zum Wandel.

Die Ängste halten dich in einem Buchstabenkorsett.
Sie schnüren dich ein und werden ganz fett.
Übermächtig steht die Angst direkt vor dir.
Schaut dir ins Gesicht und ohrfeigt dich.

Sie hält dich klein.

Schmetterlingstöne 2

Sie hält dich fest.
Wie Fesseln an den Füßen
hemmt sie den nächsten Schritt.

Was für ein Tag?
Was für ein Jahr?
Wann wird der Weg zu sehen sein?

Solange dir die Angst die Sicht versperrt
trägst du sie als Sonnenbrille durch die Zeit.
Leg sie ab und mach´ dich bereit.

Schritt für Schritt in leisen Noten
lass´ die Kreativität die Angst beregnen.

Sie löst sich auf.
Sie bricht entzwei.

Es weht ein frischer Wind auf grünem Rasen.
Die Angst verpufft zu Seifenblasen.

Erinnere dich an das Vertrauen.
Geh´ und verwirkliche deinen Traum.

Mit Mut geht es spielend leicht voran.
Mit Beständigkeit kommst du an.

Schmetterlings-Kreativität

Schmetterlingsfedern

Federleicht male ich Kreise an die Wand.
Sie ringeln und kringeln.
Es fließen bunte Bilder aus meiner Hand.

Ein Springen und Singen
ein auf den Boden der Tatsachen bringen.

Meine Gedanken schweifen ab.
Sie besuchen den geheimen Ort in mir.
Dort wo es keine Urteile gibt
finden sie Ruhe.

Das Gedankenkarussell bleibt stehen.
Jegliche Negativität schweigt still.
Federleichte Schwünge
aufs Papier gebannt.

Ich schneide es
falte es
und halte schließlich
einen bunten Strauß
in meiner Hand.

Mit Signatur versehen
hänge ich Schmetterlingsfedern
an die Wand.

Schmetterlingspapier

Bedruckte Seiten hast du schon genug.
Vielleicht solltest du ein Buch schreiben.
Sieh wie die Dinge sich entwickeln.
Du kannst deinem Herzen vertrauen.
Du kannst dir etwas Liebenswertes aufbauen.
Ohne Zeitdruck und Hektik
Ohne Missgeschick
Ohne Strick.
Es ist wichtig, dass du Spaß und Freude empfindest.
Es darf dich nicht quälen oder anstrengend sein.
Du spürst, wenn die Worte nicht von Herzen kommen.
Du wirst unberührt und unbewegt sein.
Du kannst die Zeilen vergessen.
Du darfst auch vermissen.
Die Erinnerungen werden bei dir bleiben.
Besinne dich auf die Menschlichkeit.
Der wahrhaftige Mensch schließt alles mit ein.
Gefühle - Schmerzen - Ängste
Zweifel - Trennung und Tod.
Lass es zu, dass sich Gefühle
wie Putten in dein Herz legen
sich wie Schmetterlinge aufs Papier setzen.
Sie beginnen zu flattern und zu fliegen.
Sie werden Ängste besiegen.
Lass liebevolle Worte den Weg zu dir finden,
wenn sie auf Schmetterlingspapier geschrieben stehen.

Schmetterlingsfarben

Erst Rot, dann Blau
die dritte Farbe weiß ich nicht genau.
Wird es ein frisches Gelb sein?
Lade ich ein helles Mintgrün mit ein?

Bunte Schmetterlinge kommen mich besuchen.
Vielleicht backe ich einen Kuchen?
Eiscafé mit Keksen tut es wohl auch
oder ist das nicht der übliche Brauch?
Sieben Fliegen werde ich auch bedienen.
Sie sind mir auf Schokomousse im Traum erschienen.

Die Schmetterlinge sind sehr wählerisch
essen nicht jede Farbe zum Nachtisch.
Ich werde einfach alle Farben zusammenmischen.
Ich werde alle Gäste vermischen.
Schmetterlinge und Fliegen sitzen wild durcheinander.
Jeder gibt dem anderen etwas Farbe von sich ab.
So schimmern und schillern die Schmetterlinge jetzt auch in der Nacht.
Die Fliegen erhalten lustige, bunte Beine.
Es entsteht keine Langeweile.

Das Ergebnis ist willkürlich.
Ich habe nicht darüber nachgedacht.
Es allen recht zu machen ist unmöglich.
Ich habe einfach mein Ding gemacht.

Schmetterlingswolken

Eine Libelle verfolgt
einen Schmetterling.
Sie fliegt schneller.
Es ist nicht weit.

Unter ihr tanzt er
arglos auf einem Blütenmeer
in seinem bunten Kleid.

Er ahnt nichts Böses
genießt die Süße
die Düfte
auf seinem Flug.
Die reine Seele findet
plötzlich und unerwartet
einen schnellen Tod.

Wolkengebilde
lösen sich auf
der Himmel
spiegelt sich
in Tränen.

Etwas Neues
entsteht
so ist der Lauf.

Schmetterlingslicht

Warmes, weiches Licht.
Warme Farben
begrüßen dein Gesicht.

Nur ein Lichtschein
ist der Körper Kleider.
Die Knospe erblüht
kennt all die Neider.

Das dunkle Kraut allein
in der kalten Ecke steht.
Es ist die Missgunst
die es bewegt.

Diese Gefühle haben
rein gar nichts
mit dir zu tun.

Du kannst dich
auf der blühenden
Berufung ausruhen.

Als leuchtend
gelber Schmetterling
trägst du den Nektar
in die Welt.

Du allein
hast es erschaffen
und dir eine fruchtbare Zukunft gewählt.

Schmetterlingsgetümmel

Der Baum des Lebens
trägt eine neue Frucht.

Die Raupe hat sie
seit Kindheitstagen gesucht.

Die Frucht schenkt ihr
ihre rote Farbe.

Es heilt die ein oder andere Seelennarbe.

Die reine Seele hat ihr Herz geküsst.
Sie ist sich der Verantwortung bewusst.

Die Verwandlung ist vollzogen.
Sie ist bereit zu fliegen.

Als Schmetterling wird sie
die perfekte Blüte finden.

Sie wird die Flügel glätten
und den Wandel ankündigen.

Neue Wurzeln strecken sich gen Himmel.
Tausend Worte ergeben ein Schmetterlingsgetümmel.

Ich liebe das Meer. Ich liebe die See.

Ich habe hin und wieder Heimweh. Jetzt gerade juckt mich der rechte Zeh. Er steht für Abenteuerlust und Fernweh. Auf Reisen will er gehen, in festen Stiefeln auf einer Bergspitze stehen. Er möchte wie Schmetterlinge auf Sommerwiesen fliegen und sich die Welt ansehen.

Dem linken Zeh ist jedoch die Couch viel lieber. Eingemummelt in Plüschpuschen wünscht er sich die Zeit zu Hause zu verbringen: *„Ich liebe einen gemütlichen Abend mit Tee in der Stube."*

„Ach Papperlapapp," argwöhnt der rechte Zeh.

„Ich drück viel lieber auf die Tube! Die Pisten zu rocken. Mit Karten zu zocken, das macht das Leben erst lebenswert. Du aber verschläfst die Zeit in rosa Socken und hockst am Herd."

„Na und, ich will meine Ruhe haben! Das muss ich dir ja nicht sagen. Du weißt genau, wie es ist an der Front zu stehen. Deinen blau gestoßenen Kopf kann man schon von Weitem sehen. Ein wenig pausieren würde dir auch gutstehen."

Der rechte Zeh rümpft seine Nase:

„Ach was, dafür habe ich eine zu schwache Blase. Ich muss immer in Bewegung bleiben. Das muss ich dir ja wohl nicht zeigen. An manchen Tagen tanzt du wie ein Chamäleon. Du wärest gerne so wie ich und wirst vor Neid blass grün."

„Was für ein Geschwätz. Du meinst, dein Schuh ist zu groß für mich?

Pah! Ich weiß genau, dein Stiefel ist besetzt. Auf einem Schuh kann man nicht laufen."

Der rechte Zeh überlegte:
„Dann lass uns ein neues Paar kaufen. Eines, dass uns beiden gutsteht."

Gesagt, getan. Von nun an sah man sie gemeinsam in Schmetterlingsflipflops nebeneinander laufen. Im Gleichschritt konnten sie sich vergnügt und munter weiterraufen.

Nachwort

Zum Abschied möchte ich nicht viel sagen. Ich schenke dir den Schmetterlingssegen. Ich habe ihn erhalten, ich will ihn nicht für mich allein. Ich gebe ihn an dich weiter, um ein Stück weit bei dir zu sein.

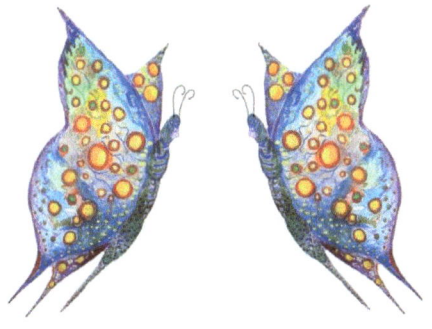

Schmetterlingssegen

Ich schenke dir Kraft.
Ich kenne die Angst.
Ich weiß, dass du es schaffst
und etwas Neues beginnst.
Ich bin in dir und in jeder Bitte.
Ich trage dich
übers Meer
bis zu deiner Blüte.
Der Schmetterling
schenkt dir
seinen Segen.
Neugeboren wählst du
ein selbstbestimmtes Leben.
Geh´ nun mutig
blicke nicht zurück.
Leichtigkeit und Leichtsinn
folgen im Augenblick.
Die Erfüllung dieser Worte
ist für dich bestellt.
Öffne deinen Schatz
bring ihn hinaus in die Welt.

Vita

Nicole Maass,

Jahrgang 1974, absolvierte nach ihrem Abitur in Wolfsburg eine Ausbildung als Kommunikationselektronikerin. Berufsbegleitend erlangte sie den Abschluss zur Technikerin der Information- und Kommunikationselektronik.

Seit 1993 arbeitet Sie in der Automobilbranche und ist derzeit in der Nutzfahrzeug Aggregateentwicklung tätig.

Als Hunde liebende Ehefrau und Mutter von zwei Kindern nutzt sie jede freie Minute zum kreativen Ausgleich.

Beim Schreiben, Lesen, Malen und Töpfern entwickelt sie die Ideen zu den Figuren und Geschichten.

Sie schreibt Gedichte, Kinderbücher, Märchen und Texte über Kreativität und das Suchen und Finden der Berufung.

Ihr fantastisches Kinderbuch „Drachenhaus – Der Drache liest", ist im Herbst 2018 erhältlich.

Besuchen Sie die Autorin auf ihrer Homepage:
https://www.nicolemaass.de

oder folgen Sie ihr via Social-Media:

Facebook Fan-Page:
https://www.facebook.com/AutorinNicoleMaass

Instagram:
https://www.instagram.com/autorin_nicolemaass/

https://www.instagram.com/derdracheliest/

Danksagung

Ein herzliches Dankeschön geht an die Damen im Frauenzimmer in Wolfsburg, die mir im Poesie-Café zugehört und mich motiviert haben einen Lyrikband mit meiner Schmetterlingspoesie zu veröffentlichen.

Ein besonderes Dankeschön geht auch an meine TestleserInnen, die mich bestärkt und beflügelt haben.

Den größten Dank möchte ich meinem Ehemann aussprechen. Er inspiriert mich mit seiner Liebe und unterstützt mich, wo er nur kann. Er hält mir den Rücken frei, glaubt an mich und ist mein bester Freund und Ratgeber.

Vorschau

Honigherz*

So klar und rein
zerfließende Süße
in Liebe getränkt
geträufelt aufs Herz.

Sinnlich erfüllte Lippen
Küsse wie Butter
auf Honigtoast.

Erinnerung an Frühling
Blumenkelche und Blütenduft.
Zartschmelzende Goldfäden
in Waben versteckte Lust.

Erotisch gehauchte Tropfen
perlend süßer Schmerz.
Sinnlich geküsste Lippen
schmecken nach Honigherz.

So klar und rein
deine Liebe zu mir.
Du füllst mein Herz
mit Honig und Frieden.

In Ruhe schlafe ich
träumend von Sommertracht
Nektar gefüllter Blütenpracht.

Du bist die Perle.
Du bist mein Herz.

Gefüllt mit Liebe
und Erinnerung
an Honigherz.

*Auszug aus dem Buch „Federliebe - Liebesgedichte"
(in Arbeit, noch unveröffentlicht)